IMPERIO ROMANO
AF364227
Copyright © 2023 Samuel John

SEGÚN LA LEYENDA, ROMA FUE FUNDADA POR DOS HERMANOS GEMELOS CRIADOS POR UNA LOBA.

REMO
RÓMULO
PERO ESO ES SOLO UNA LEYENDA...

REALMENTE, ROMA SE FUNDÓ TRAS LA UNIÓN DE VARIOS PUEBLOS SITUADOS A ORILLAS DEL RÍO TÍBER, EN LO QUE HOY DÍA CONOCEMOS COMO ITALIA.

Eso ocurrió sobre el año 753 a. C.

¡Hace casi 2.800 años!

QUE EL PRIMER REY DE TODOS FUESE RÓMULO, NOS HACE PENSAR QUE ESTA ETAPA DE LA HISTORIA DE ROMA ES UNA MEZCLA DE VERDAD Y LEYENDA.

MÁS TARDE SE ESTABLECIÓ UNA **REPÚBLICA**. ESTA ERA UNA FORMA DE GOBIERNO EN LA QUE NO HABÍA REYES, SINO QUE ERAN LOS POLÍTICOS LOS ENCARGADOS DE TOMAR LAS DECISIONES.

LA REPÚBLICA ROMANA DURÓ VARIOS SIGLOS, HASTA QUE COMENZÓ LA ETAPA QUE HOY CONOCEMOS COMO EL...

IMPERIO ROMANO

EN ESTE MODELO DE GOBIERNO, EL EMPERADOR TENÍA TODO EL PODER Y ERA QUIEN TOMABA LAS DECISIONES, AUNQUE LO HACÍA ASESORADO POR UN SENADO.

EL IMPERIO ROMANO OCUPÓ TERRITORIOS EN TODO EL MEDITERRÁNEO, ABARCANDO LOS TRES CONTINENTES CONOCIDOS ENTONCES: ÁFRICA, EUROPA Y ASIA.
SPQR

ENTRE LAS TIERRAS CONQUISTADAS ESTABAN: BRITANIA, HISPANIA, GRECIA, EGIPTO, GALIA, GERMANIA Y NORTE DE ÁFRICA.

SOCIEDAD ROMANA

PATRICIOS

- Este era el grupo con más poder y riqueza.
- Estaba formado por la nobleza: políticos y militares.
- Eran libres y tenían derechos y privilegios.

PLEBEYOS

- Estaba formado por el pueblo llano: campesinos, artesanos, comerciantes, ganaderos...
- Aunque eran libres y tenían derechos, no gozaban de los mismos privilegios que los patricios. No podían gobernar y tenían que pagar impuestos.

ESCLAVOS

- Eran prisioneros de guerra o hijos de esclavos.
- No eran libres ni tenían derechos.
- Eran propiedad de sus amos y del Imperio romano.
- Podían venderse o comprarse como objetos.

LOS ANTIGUOS ROMANOS FUERON EXCELENTES ARQUITECTOS. CONSTRUYERON CIUDADES AMURALLADAS, EN LAS QUE NO FALTABAN TODO TIPO DE EDIFICIOS PÚBLICOS DESTINADOS A DIVERSOS SERVICIOS Y ACTIVIDADES.

HABÍA TEATROS, FOROS, ANFITEATROS, CIRCOS, TERMAS... ¡E INCLUSO COLEGIOS PARA LOS NIÑOS!

EN LOS ANFITEATROS SE CELEBRABAN ESPECTÁCULOS PÚBLICOS, COMO COMBATES DE GLADIADORES.

Acueducto de Segovia

GRACIAS A LOS ACUEDUCTOS, LOS ROMANOS LOGRARON TRANSPORTAR AGUA A TODAS LAS CIUDADES DEL IMPERIO.

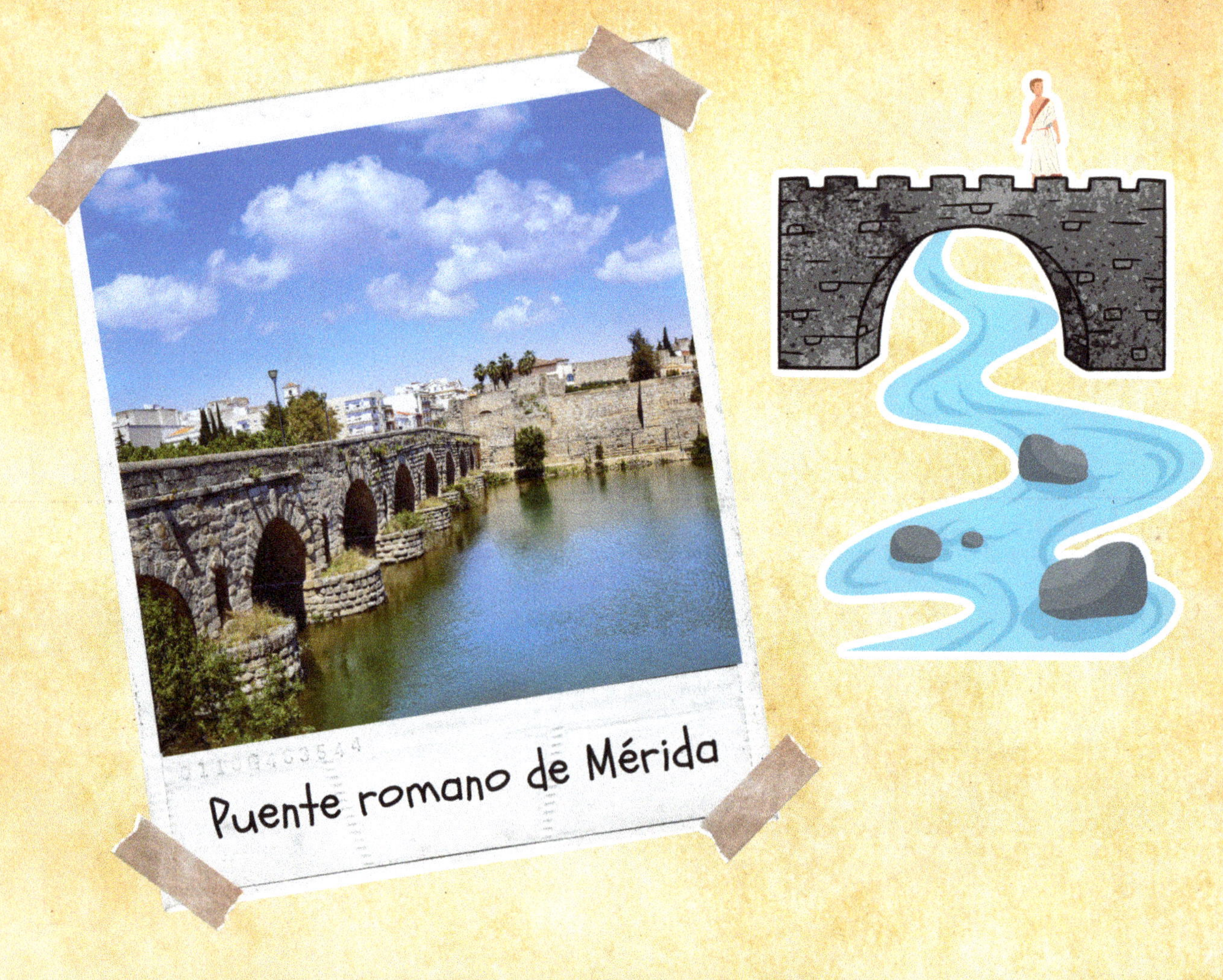

LOS ROMANOS FUERON LOS PRIMEROS EN CONSTRUIR PUENTES DE GRAN TAMAÑO Y RESISTENTES EN EL TIEMPO. SERVÍAN PARA PODER CRUZAR EL AGUA Y CONTINUAR POR EL MISMO CAMINO.

Teatro romano de Mérida

EN EL TEATRO ROMANO SE INTERPRETABAN OBRAS TEATRALES CLÁSICAS. ERA UNO DE LOS EDIFICIOS MÁS IMPORTANTES EN LAS GRANDES CIUDADES.

LOS ROMANOS CONSTRUYERON CALZADAS QUE UNÍAN TODOS LOS PUNTOS DEL IMPERIO. ERAN EL EQUIVALENTE A LA RED DE CARRETERAS DE LA ACTUALIDAD.

¿Conoces la expresión "todos los caminos llevan a Roma"?

Pues tiene su origen ahí. En aquel tiempo, todas las calzadas del Imperio llegaban hasta Roma.

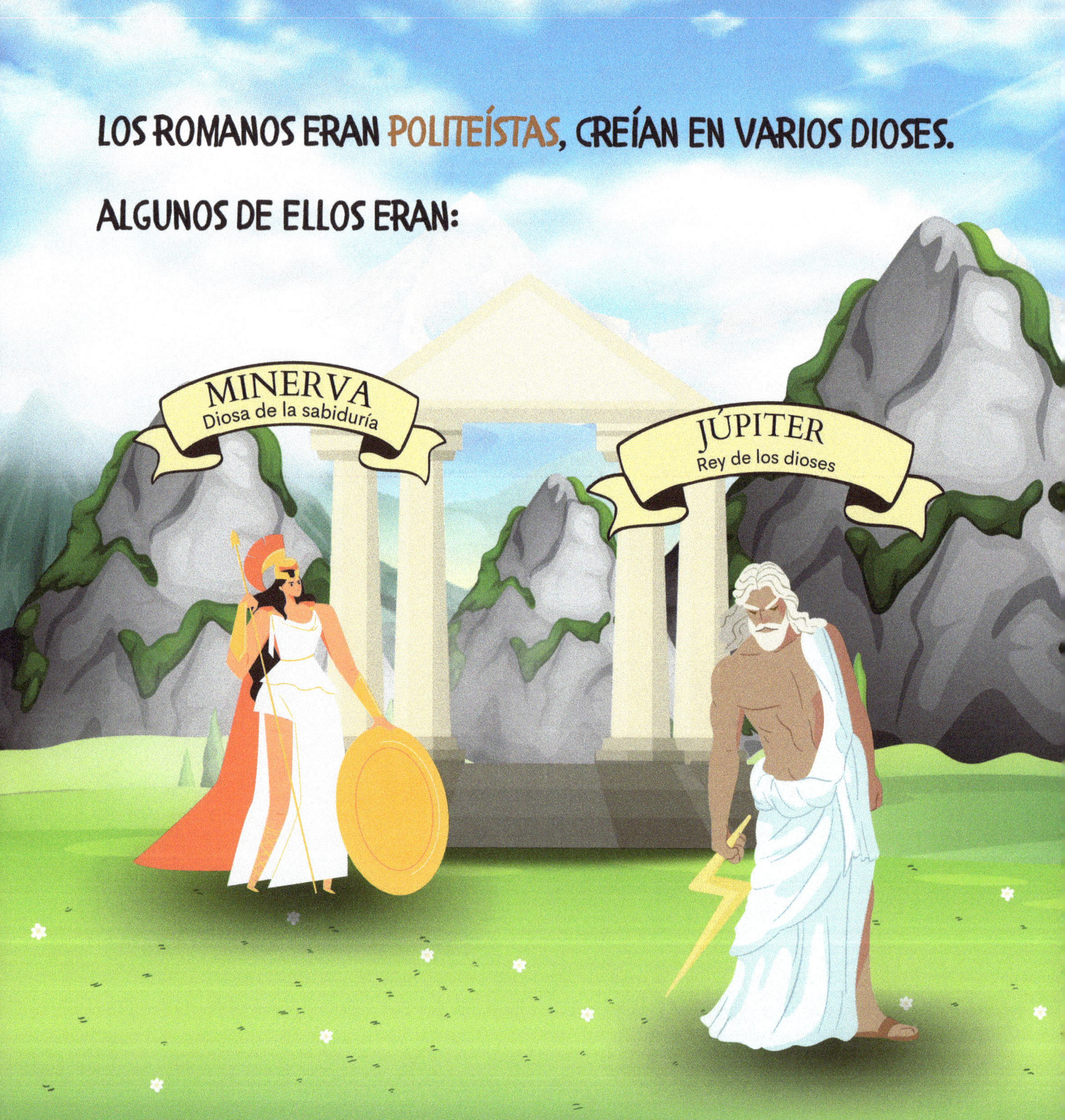

LOS ROMANOS ERAN POLITEÍSTAS, CREÍAN EN VARIOS DIOSES.

ALGUNOS DE ELLOS ERAN:

MINERVA
Diosa de la sabiduría

JÚPITER
Rey de los dioses

NEPTUNO
Dios del mar y los océanos
MARTE
Dios de la guerra
VENUS
Diosa del amor

ROMA ESTABA SIEMPRE EN GUERRA. PARA ELLO CONTABA CON UN GRAN EJÉRCITO FORMADO POR MILES DE TEMIBLES SOLDADOS, LLAMADOS LEGIONARIOS.

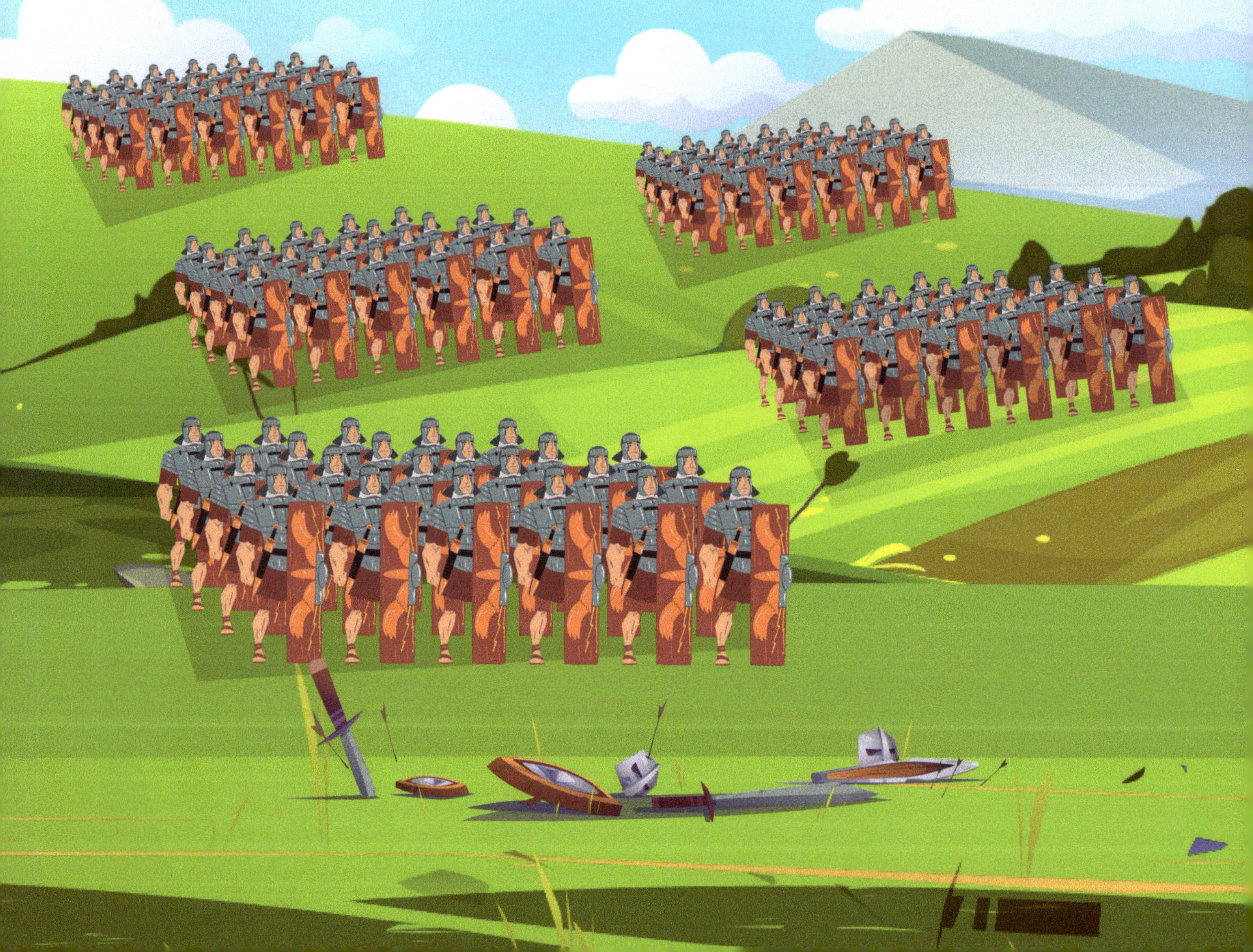

LOS LEGIONARIOS ESTABAN MUY BIEN ENTRENADOS. GRACIAS A ELLOS, Y A SUS EFICACES ESTRATEGIAS DE COMBATE, SE LOGRÓ LA CONQUISTA DE NUEVOS TERRITORIOS.

EN EL SIGLO V SE PRODUCE LA CAÍDA DEL IMPERIO ROMANO, A CAUSA DE LAS INVASIONES DE LOS PUEBLOS GERMANOS.

CON LA CAÍDA DEL IMPERIO ROMANO SE INICIA UN NUEVO PERÍODO HISTÓRICO, LLAMADO...

EDAD MEDIA

EN LA ACTUALIDAD SEGUIMOS ESTANDO INFLUENCIADOS POR TODO LO QUE NOS DEJARON AQUELLOS ANTIGUOS ROMANOS. ESTO SE PUEDE APRECIAR EN LA CULTURA, LA POLÍTICA, EL ARTE, LAS LEYES, EL CALENDARIO, LA ORGANIZACIÓN DE LAS CIUDADES...

Quiero pedirte un favor para que este libro llegue a más personas, y es que lo valores con una sincera opinión en la plataforma donde lo hayas adquirido.

Con ese pequeño gesto me estarás ayudando a continuar con nuevos proyectos.

¡Estoy deseando empezar a crear mi próximo libro para ti!

Puedes dejar tu reseña directamente aquí. Sólo te llevará unos segundos.

www.bit.ly/ImperioRomanoRe

Gracias de antemano por dedicarme unos segundos de tu tiempo para compartir tu experiencia. ¡Gracias por tu apoyo!

¡Hasta pronto!

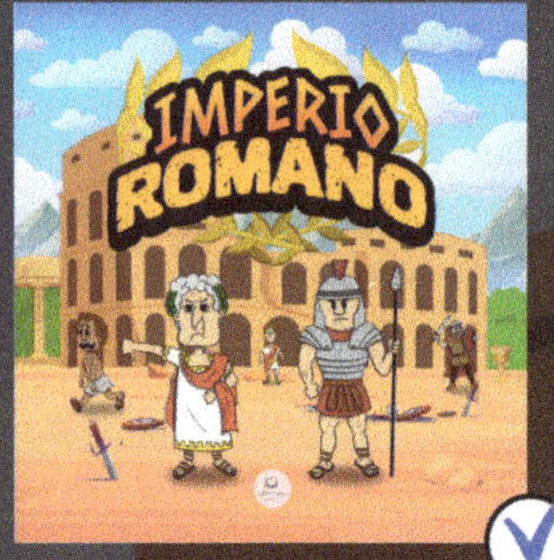

IMPERIO ROMANO

Aprende todo sobre
EL ANTIGUO EGIPTO

ANIMALES VERTEBRADOS

DINOSAURIOS

EL LIBRO DE LOS
Monumentos
MÁS FAMOSOS

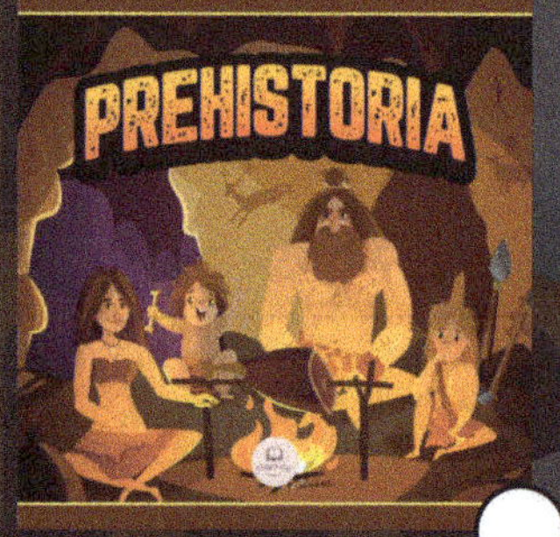

PREHISTORIA

Los sistemas del
CUERPO HUMANO

Aprende todo sobre los...
VOLCANES

CURIOSIDADES del
UNIVERSO

EL CICLO DEL AGUA

Cristóbal Colón y el
DESCUBRIMIENTO
de AMÉRICA

SCAN ME